시간을 베고 누워

장광분 시집

계간문예

시간을 베고 누워

| 시인의 말 |

뒤늦은 아름다운 꿈, 그리고 용기
마음속에 쟁여 놓았던 오랜 갈망
더 이상 숨길 수 없어 부끄럽지만
세상 밖으로 나왔습니다.

늦은 나이에 첫 시집이 나오기까지
미숙한 제자에게 큰 용기를 주신 홍금자 선생님,
해설을 주신 정성수 한국문협 부이사장님께
고개 숙여 감사를 올립니다.

그동안 함께 했던 '연우 동인'과 '서대문문인협회' 회원들께도
행복한 시간이었다고 말하고 싶습니다.

늘 무심한 듯 보여도 말없이 응원과 격려를 해준
사랑하는 가족들에게도 고마운 마음 전합니다.

2020년 가을

장광분

■ 차례

제2부 유년의 집

제3부 녹차를 마시며

제4부 나의 모국어

제1부

시월의 모과나무

안성 가는 길

스치는 바람
구름들이 말을 건네온다

늘 가슴속에
담고 있던 고향 냄새
대덕 지나 만난 시냇물
새들의 날갯짓

아직도 숨찬
덜 자란 꿈들이
신작로 위를 달려가고 있다

고향은 클릭되지 않은
꿈들을 수시로
찾아내고 있는
현재 진행형이다

삶

평화로운 날이었다
잔잔하고 순조로운 항해였다

거대한 유람선은 아니어도
비교적 튼튼하고 안정적이었다

때로는 예고도 없이 비바람 몰아쳤다
관절염처럼 아픈 통증도 있었다

폭풍우 속의 지난날들
쉽지는 않았지만 꿋꿋이 나아갔다

삶은 그런 것이라고
여기까지 잘 왔다고
잘 가고 있는 것이라고
스스로의 등 두드린다

긴장 속 걸어온 길 허기진 날들
주름진 모습 그 속에서
빼곡히 적힌
삶의 이름들을 불러본다

돌고 도는 세상

세상을 살다 보면
제 주인 떠났던 지갑이
전화번호 따라
찾아오기도 한다

그것도 이국 땅
프랑스 파리에서

지금까지 믿음보다
불신이 앞섰던 세상살이

하지만 먼 곳에서
주인 찾아온
지갑을 보며
모든 부정의 생각
맑은 호수 속
반짝이는 윤슬처럼 빛났다

그래 그래
“세상은 살만한 곳이지”
“그렇고 말고”
고개를 끄덕일 수밖에

능소화

바람기 잔뜩 머금은 채
붉은 속살 열어젖히고
담 넘어 옆집 기웃댄다

도저히 잠재울 수 없는 열병
작은 불빛 세상에도
비밀스런 꽃잎 추켜세우며
하늘 향해 목을 곧추세운다

나무와 추억

창문에 어깨를 기대고
서 있는 나무들

잘린 자리도
담장 밖 남의 집
기웃대지 말라고
꽁꽁 묶인 가지도
쪼그리고 앉아
새들 날아오기를
기다리고 있다

내 어릴 적
문밖 사립문 바라보며
피붙이들
발걸음 기다리던 추억들이
오늘따라
시간을 베고 누워있다

나팔꽃

시치미 떼고
소리 내지 않는 나팔꽃
목울대 터지길
기다리던 작은 손가락
어느새 해넘이 따라
잎을 접었다

반복되는
우울증과 어지럼증
한 번도 맘껏
불어보지 못한
나팔 소리처럼
내 안에 깊은 기저질환

생명

홀씨 하나
계단 밑 틈 사이
자리 잡았다

제 자리라고
움 틔우고 뿌리내려
어여삐 자랐다

화사한 봄날
부끄러움인 양
얼굴 내민 노란 민들레

적막한 돌 틈에
피어난 저 눈부심
생명의 유배

허무1

천천히 속도 내며
흐르는 저 강물 위
색 도화지 펼친다

하얀 물감으로
칠하고 다시 덧칠하고

허무 위에
마음 쌓고 또 쌓고

끝내, 무채색 위에
뛰어드는 바깥

허무2

이승에 살다
한줌 재로 떠나는 사람들

남아있는 자들 앞에서
천 길 수천 도의
불길 속으로 빠져간다

남은 몇 조각의 뼈
종국에는 세상 미세먼지일 뿐

붉은 해넘이 사이로 하관 되는
어느 초봄

종이학

투박한 누런 봉투 위
낯익은 이름 봉을 뜯어
책을 펼친 순간
여든 마리의 학을
쪽빛 하늘로 날려 보내는
오라버니를 만났다

창가에 앉아
바깥세상 바라보는 저편에
풋풋한 소녀의
기억이 더 많을 누이
예순 마리 종이학 접으며
당신의 뒤를 따르고 있는지
생각이나 했을까

구월이 가기 전에

낡은 집 한 채
늙은 집주인 닮았다

주치의 만나
여기저기 고쳐야 할 듯
오래된 키 작은 집
손 봐야 한다

앞뒤로 새로 진
건물들 틈에
더욱 초라해져
구월이 가기 전
칠하고 수리하여
화장을 시켰다

이제 내 차례
오늘 병원에 간다

마당을 쓸며

제 자리 좁다고
다툼하듯 뒤엉킨 가지들
하나씩 자른다

매년 서러움 겪는 뽕나무
수년을 베어내기 반복하지만
여전히 빳빳한 목덜미
이젠 끝을 보리라

거대하게 자리 잡은
땅 속 침묵의 실체
잘려나가는 고통
뿌리로 버틴 듯하다

어떠한 반항도 없이
뭉텅뭉텅 잘리지만
결코 무너지지 않는다

목숨 줄 놓지 않는다
저 질긴 생의 말 없는 저항
여기 더 이상 베어낼 수 없는
내 안의 나를 만난다

시월의 모과나무

녹색의 저 나무들
올해도 몇 번이나
몸을 바꾸었을까

나이테 늘려
허리가 넉넉해진
모과나무 한 그루
제멋대로 생겨진
저 열매들

시월의 이마로 쏟아지는
햇살 받으며
황금색 아침을 꿈꾼다

시를 찾아서

낯선 언어 찾아
밤의 행간 읽는다

수없는 날줄과 씨줄
썼다 지웠다

어느새 원고지 위
아침 햇살이
눈 부시다

꽃의 길

누가 가르쳐 주었을까
오고 가는 때

제때 맞춰 찾아오는
수많은 꽃들의 시계

계절의 시간은
결코 고장이 없다

소문

산 위에서 무슨 일이 있었나 보다
송홧가루가 바람 타고 내려와
노랗게 물들이고 있다

빗물로 지우려 애써보지만
산 위에 일을 퍼트리기 바쁘다

어느새 소문은 걷잡을 수 없이
제멋대로 날아다니고
물들었던 자국은 지워지지 않는다

벼와 가을빛

몇 날을 지나 눈 뜬 씨앗들
넓은 들판으로 모종 한다

햇빛과 하늘의 눈물
살과 뼛속 알알이 속 채워가는
벼 이삭들

가을빛이다
참으로 황홀한 그 빛
황금의 알곡 가슴에 품는다

홍제천

물 위 그림자
한 장의 수채화

도시의 소음도
흐르는 물속으로 빠져가고
남는 건 오직 백로 한 쌍

홍제천의 아름다운
생명, 그림 한 장

제2부

유년의 집

유년의 집

눈이 오면 마법에 걸려
홀로 떠 있는 섬집 하나

차마 밟을 수 없는 그 순수
첫눈 내리면
그곳이 그리운 건

아직도 내 유년이 거기 남아
열리지 않은 비밀번호
기다리고 있어서 일거야

가을빛

가을빛에 젖다

깊디깊은 하늘
투명한 빛

구월의 색깔이다

수수한 뜰 안
꽃밭에 저 빛

참 곱다

묘약

참 알 수 없는 묘약
너의 이름은 술
마시는 것이 좋아서가 아니라
함께 하는 것이 좋아서라는
정감 어린 말

어린 시절, 제삿날 올릴 막걸리
심부름 다녀오다 홀짝 빨던 달달한
그 맛에 길들여진 지금
다시 소주, 이 또한 신약이다

시 백 수에 술 한말이었던
이백
나도 소주 석 잔에 한 편의 시

묘약 중의 묘약
네 이름은 술이다

모란공원

지워진 시간 위에
주검들이 누워 있다

처음 만났을 때
빨간 치마 연두저고리
복숭아 빛 그 살결 보이지 않는다

이제 서러운 서릿발이
머리 위에 얹히고
내 어머니 닮아간 지금

어머니 누워있는 자리
슬며시 앉아본다

그 곁에 아버지 언제 오셨는지
두 분의 귓속말 한창이다

목마른 삶의 경계

계절이 바뀔 때면
으레 찾아오는
달갑지 않은 봄 감기

내 얼굴 비치는
맑은 시냇물도
나무들의 푸르름도
마중할 수 없다

이상한 봄
2020, 코로나19 바이러스

목마른 삶의 경계
더 이상 발을 떼어 놓을 수 없다

그리움의 영역

내 어렸을 적
우물 속 별 보았지

마당엔 멍석 깔아놓고
은하수 바라보며
견우직녀의 오작교
별 하나 나 하나
소리 내며 세다
잠들었었지

이제는 모두 사라져버린
꿈들의 얘기들

주먹만 한 별들이
쏟아져 내리던
먼 먼 이야기
다시는 돌아갈 수 없는
그리움의 영역이지

그리움으로 말하다

삼월 오후
아파트 베란다
어느 노 시인이
흔들의자에 앉아 있다

"오빠" 부르며
들어오는 반가운 여동생
구심력 잃은 몸짓도
다정한 눈빛
그리고 그리움으로

따스한 봄날
원로와 새내기
문학의 꽃이
창가에 피어나고
옛 얘기 귀향하듯
어릴 적 고향으로
달려가고 있었다

운동화

십오 리 넘는 장터
다리 아픈 줄 모르고
단발머리 계집애
엄마 따라 나섰다

집에서 기른 암탉의 씨
계란 몇 줄과
잡곡 몇 되 머리에 이고
한 귀퉁이 빈약한 좌판을 열었다

파장 때쯤 손안에 안겨지던 지폐
그제야 허리 펴 일어서던 엄마

운동화 한 켤레 가슴에 품고
까치발 하는 딸의 모습 보고
돌아오는 길, 하루 피곤은
달빛 고운 길 위에
반짝이고 있었다

떠나다

그대 가는가
다 내려놓고 떠나니 편안한가
여리게 남은 삶의 불씨마저 버리고
떠나는 벗이여

생의 한 켠 슬프게 남았던
피붙이들과의 인연
연신 아픔이 몰려들고
애써 이승의 것들 붙잡아 보려고
안간힘 써 보지만
떠나야 한다는
신과의 약속이었던가

아, 그대 친구여
삶의 발목 끈 끝내 벗고
부디 잘 가게

슬픈 그리움

침울한 사월의 바다
거둘 수 없는 아픔

목 안의 덩이가
끊어질 듯한 슬픔 삼킨다

파도에 부대끼는
한 무더기의 꽃잎

어둡고 긴 고통의 긴 여정
밤새워 헤매다
만나는 새벽 미명

못다 이룬 꿈들
바다에 접어놓고
한으로만 남은
공중돌기

못내 그리워
떠나지 못하는
검푸른 바닷속 영혼들

사월의 푸른 바람에도
꽃잎으로 흩날리는
슬픈 그리움

긴 여로

어둑한 밤이
아직 남아있다

침묵의 까만 밤을
하얗게 밝힌 시간들

어릴 적 서둘러 저물었던
비좁은 방
금세 칠흑 속으로 스며들고
하얀 창호지 위
드리운 그림자들
색색의 풍경 놀이

어둑한 밤이
아직 남아있다

그리움1

이미 해는 기울고
뙤약볕도 마다하지 않았다

따라다니던 그림자도
숨어버렸다

시간에 지쳐 쓰러진
하루의 끝

허전한 가슴속 그리움
다시 어루만진다

그리움2

응어리져 맺힌
가슴 깊은 곳 자리한 어머니
늘 죽음을 예견했다

오로지 자식들 위해 바친 세월
생전에 온몸 가득 버거운
짐으로 산 구십한 해

참 질기기도 하다며
아버지 곁으로 가길
원하셨던 어머니

두 눈으로 보는 세상 한 눈으로
뭉그러진 기둥 곧추 세우지 못해
기웃거리는 겹겹의 세월이었다

믿기지 않을 만큼 갑작스런 이별
난 육십이 되어 고아가 되었다

오늘따라 서러움에 지쳐
그리움의 강에 빠진다

그리움3

꼭 말로 해야
그리움을 아는가
말하지 않아도
눈빛으로
마음으로
오고 간 정이
헤아릴 수 없는데

세월의 이야기가
내 유년의 추억이
하늘의 별만큼
쌓여있다는 것을

저 지울 수 없는
그리움 어찌해야 할까

그리움4

유년의 기억 속
키 작은 패랭이

주름진 눈가에
그리움을 새겼다

꽃등 저마다
불을 켜지만
희미한 추억 속 그림은
자꾸 저만치 물러나 있다

암

늘 예견은 했다
삶을 포기한 목숨
무자비한 삶의 애착을 버렸다

애절한 눈동자
그 곁에서
고통보다 더 아픈
심장 깊은 곳이
멍들고 있음을 본다

망가진 육신
더 이상 매달리지도
억울해하지도 않고
부르심 순종할
용기 간구한다

남아있을 사랑하는 분신들
서럽고 서러운
비수 꽂힌

생의 한 토막
애써 외면하면서

가을 앞에서

난알 한 톨
남기고 싶었습니다
노을빛 닮은 한 알의 열매
그때까지 견디고 싶었습니다

고통 이겨내어
푸름으로 치장하고
초록의 이파리 사이
수줍은 황금 왕관
머리에 이고
시월을 기다리는
그리움이 있었습니다

마당 한 모퉁이
설레는 기다림
이제 달려온 길보다
남은 날들이 더 시렸을 때쯤
감춰진 달빛 속,

바람 소리 슬퍼
더욱 외로웠습니다

가을이란 계절 앞에서

선운사

선운사 가는 길
동백의 핏빛 울음이
마중 한다

이룰 수 없는 사랑
못내 아쉬워
몸부림친 그리움
저리 웅어리진 아픔인가

슬픔의 끝자락
적막이 쌓은 이별
말없이 내려놓는다

끝내 지고 마는
생의 서러움 하나
이 길 위에서
다시 만난다

제3부

녹차를 마시며

녹차를 마시며

보성 녹차 밭에 갔다

녹차는 님 기다리는 마음
님 품는 마음
님 보내는 마음으로
마시라 한다

기다림으로
설레임으로
사랑하는 이를 품고
찻잔을 기울여 본다

찻잔 속 어른대며
좀체 떠나지 않는
그리움 하나

살아간다는 것은
그리움 덩이
가슴에 품고 사는 것

희망을 키우는 사람들

빛을 만났다
허기짐을 채우려
산등성이를 수 없이
오르내릴 때
희망의 빛으로
우물 안
햇살을 마셨다

어둠 속 묻혀있던 생각
기억들이 조금씩 채색되어
은색의 옷을 입고 튀어나와
소망의 언어로
원고지 위
작은 풍경을 그린다
하나 둘, 희망이라는 말
몸을 세운다

질마재

질마재 조용한 농촌 마을
폐교 하나 있다

그곳에는 아이들이 없었다

국화 향기 그윽이
옛사람의 내음 가득한
정겨운 초가집이
고즈넉이 보이는 곳

살아 쓰시던 이불이며 옷이며
가지런히 놓여 정감이 더한
폐교가 된 그곳엔
뛰어노는 아이들보다
옛사람의 향기가
온 교정에 가득히
새겨져 있다

비 오는 날에

추적거리며
비가 내리는 날
꿈을 꾸던
그곳에 가고 싶다

긴 담뱃대 물고
하얀 연기 내뿜는
아버지가 기다리고
계실 것 같아
보고픈 그곳에 가고 싶다

풀을 뽑다
한숨 몰아쉬며
먼 산 바라보는
어머니가 그리워
그 곳에 가고 싶다

새소리 따라
뛰어노는 내 유년을

만날 것 같아
그곳에 가고 싶다

비 오는 날에

소나기

유리창을 두드린다
세찬 물 회오리
아우성치며 찾아와
마음 흔들어 놓는다

금방 아무 일 없었다는 듯
무지개까지 선물 하고는
홀연히 가버린
소나기

봄을 맞으며

꼭꼭 닫혔던 창문 열고
겨울을 보낸다

나의 뜰엔
봄들이 앞 다투어
기지를 켠다

눈부신 햇살에
현기증을 느끼며
겹겹의 겨울 벗어 버린다

추상화

블랙홀에서
검은 날개를 펴고
너울너울 춤을 추는 물체들
형형 색깔로
알 수 없는 추상화
홀 가득 그린다

긴장과 두려움
어디선가 갑자기
우레와 같은 구원의 소리
사라지는 그림들

고요함 귀를 곧추 세우며
빠져나오려 돌파구를 찾아
안간힘을 쓴다

마지막 미로를 찾아 떠나는
내 계절의 긴 여행

코스모스

여름에서 가을
가는 허리 흔들며
계절을 마중한다

혼돈 속 고요
크지 않은 춤사위
애써 계절 앞에 선다

무리 지어 핀 꽃들 사이로
수수하게 피어
어둑해지는 저녁이면
더욱 안쓰러운 몸짓

달빛 받으며
문풍지에 아른대는 처연함
추억 한 무더기
코스모스 위 함께 피었다

산수유

아쉬워 길 못 떠나는
겨울 그림자
눈발로 서서
봄 길 막는다

서둘러 마중하던 산수유
갑작스런 칼바람에
여린 몸을 떨며
견디고 있다

어렵사리 기지개 켜고
실눈 뜨던
산수유 꽃이 숨어버린다

손가락 거는
약속은 없었지만
푸른 그날을 기다린다

노란 깃발 세워
머뭇거리는 봄 앞에서
연록의 잎 엿보고 있다

달맞이꽃

밤새 달빛 받아
물들어버렸나

달님 바라보다 부끄러워
숨 죽여 목이 말랐나

이른 새벽
이슬 한 모금 머금어
아침 햇살 받으며
비로소, 이제사
빛나는 미소로 맞나

양평 어느 한적한
새벽길에서
마주한 달맞이꽃

기다림

맥없이 전동차를
수없이 보내고 있다

손안에 네모 상자만
열없이 뒤적일 뿐

그림조차 그려지지 않는
반쪽 얼굴들

마주한 표정
언제쯤 마주할 건지

휘돌아가는 세상
당겨놓은

또 하나의 풍경

한강, 그 물길

강물 따라
자전거길 길게
이어진 강변
여유롭게 흐르는
강물이 피로를 푼다

물속 깊이 빠져 있는
그림자들
출렁이는 물살에
허우적거린다

머물지 못해
밀려난 물길
수많은 사연 가득 담은
하늘공원 지나며

심장 깊은 곳
묻어둔 숱한 사연 실어
하얀 파도 일렁인다

그리움 찾아
서쪽으로
서쪽으로
드넓은 바다 향해
끝없이 흐른다

사랑이 익고 있었네

어느 날 하늘을 가렸다는 걸
거기에 사랑이 이루어져 있다는 걸
너에게 한 발 다가서 보고야 알았지

너한테로 보내는 마음
깊지 못했다
주어진 시간 바삐 쓰느라
바라봐주길 거부했지

푸름 사이사이
너의 사랑앓이
사랑 통증
반쯤 가려진 조각난 하늘

눈 내리는 자작나무 숲

헐벗은 입성인 채
서 있는 나무들

눈 내리는 산등성이
자작나무 숲이다

골마다 부르는 바람의 노래
옷깃 여며 골짜기마다
흰 정령들 만난다

회색빛 하늘 화음 맞추듯
가만가만 내리는 눈발
그 안에 맴도는
사랑 우정 그리움

원대리 자작나무 숲

대학병원

대학병원 12층 5동 12호실
1% 확률에 붙잡혀 입원한 환자
가족들에게 애써 웃음 지며
깡마른 손을 건넨다

앞만 보고 달려온 삶
내일 죽어도
사과나무를 심겠다는 말을
입버릇처럼 하던 노신사

입가에 허탈한
웃음을 흘리면서
1% 짜리 기막힌 인생이라고
붉은 꽃보다 더 붉은
삶의 비망록을 쓴다

산청의 밤

사정없이 쏟아져 내리는
별무리들
어둠 속에서 만나는
별빛 보석들이다

숨 막히는
여름의 봉우리에
저토록 눈부신
사랑 같은 반짝임이 있다

한낮의 햇빛과 바람으로
꾸며놓은 하늘의 정원
이 밤
나도 별이 된다

길 위에서

무수한 낙엽들
바람이 쫓는 대로
거리를 헤맨다

수많은 갈래의 길 위에서
방위를 잃어버린 사람
가야 할 길은 하나인데
속도를 잊은 뒹구는 낙엽처럼
방황하고 있는가

휘감기는 바람
울컥 쏟고 싶은 눈물
어질머리 발걸음
천근의 무게로
지표 없는 길 위에
홀로 서 있다

제4 부

나의 모국어

장독대

어머니의 어머니
그 위 다시 어머니
윤기 나는
나는 장독대
어머니들의 성지였다

정갈한 기도
어린 자식들
세상으로 힘차게 나서라고
매일 두 손 모은다

어머니의 속치마에
숨겨둔 비상금처럼
잘 익은 된장 고추장
보물처럼 담겨있다

팽나무

허리가 푹 패인 고목
수많은 이야기가
숨겨져 있다

바람과 함께
노래도 들려주고
뜨거운 햇빛 가리어 주고
먼 들녘 바라보는
디딤목 되어준
팽나무 언덕
이름마저 사라진
팽나무 거리
아이들의 노랫소리
들리지 않는다

바람결에 들려오는
팽나무의 노래를
오늘도 귀 기울여 들어본다

그때는

빛이 숨어
어둠이 깔리는 밤
어슴푸레한 달빛 속
실루엣으로 비치던 어머니

칼바람 창호지 흔들며
윙윙 울어대고
추울세라
이불 올려주던 어머니

피붙이들 발들 모여
온기 나누고
샛별 눈 뜨면
아궁이 군불 지피던 아버지

이제 얇은 이불을
덮어도 춥지 않은 세상에서
항상 허리띠
졸라매던 시절

그때가 그리운 건
일찍 가신 부모님
보고픔 때문일까

여윈 그리움

시간이 멈춘 흙 담장 안
가난한 삶 벗어나고파
떠난 자리 다시 찾는다

분단장한 부뚜막 무쇠 솥단지
물 길어 채우던 두멍
세상살이에 밀려
사라져 버렸다

문득 뒤돌아보는
사립문 안 풍경
소꿉 놀이터였던 봉당
정갈하게 쓴 앞마당
오순도순 모여 살던 초가집

허공에서 맴도는
여윈 그리움

옛 길을 걸으며

오랫동안 잊었던
옛 길을 찾았네

젊은 날 걷던 그 길
옛 모습 그대로 남아있네

느리고 조심스럽게
추억을 찾아 옮기는 발걸음
해 지는 줄 모르네

내가 오가며
꿈을 키우던 길
긴 생의 끄트머리에서
여유롭게 다시 걷네

미련

가을을
붙잡아 놓을까
하늘공원 올랐다

바람과 노닐다
그만 깜빡 잊고
내려왔다

단풍

소슬바람이
불어온다고
쓸쓸하다
생각하지 말라

잎 피었다
다시 지면서
황홀함으로
다가오는
그대 있으니

친구

아픈 사연
가슴에 품고 사는 내 친구
사랑이라는 말만 들어도
눈시울 적신다

그리움이라는 말에도
가슴 깊은 곳
울컥 도려내는 아픔 누른다

내려놓지 못하는 사무침
옷섶 움켜잡고
박제된 그리움
아직도 걷어내지 못하고
그때 그 자리에 서성인다

한가위 날에

2005년 한가위 날
119 구급차 불러
서울대학병원 응급실로 향했다
몇 번의 대수술
지친 나목 같은 어머니를 바라보며
지난 삶을 되새겨 본다

나뭇잎이 흔들리듯
아슬한 생의 마디마다
붙잡고 견디셨던
등 굽은 어머니
새하얀 한가위 달이
오늘따라 서럽게 떠 있다

봄 강가에 서서

아파트 양쪽 사이에
물을 경계로
새들이 도도하게
비상한다

물그림자 속
어두운 겨울 끝자락에
덜 자란 봄이
숨어 버린다

유년의
강, 한내에
수없이
날던 백로들
지금 어디쯤
날고 있는지

날갯짓 따라
뛰놀던 계집아이는

세월 저 편
흐르는 물결 따라
서성인다

봄이다

어두운 겨울 끝자락에
비밀스레 나오는
봄의 싹
머뭇거리는 햇살 당겨
창가에 앉혀 놓고
유혹의 손짓
던져본다

겨우내 베란다에서
아픔을 이겨낸
봄의 깃발
꽃 대궁 가는 줄기
헤집고 나온
푸른 잎이
시리다

섭씨 15도 속
아우성치며 일어나는
봄날의 함성

공연은 이제 끝났다
완연한 봄이다

허수아비

낟알 익어 갈 때
오면 안 된다고
팔 휘젓던 허수아비

텅 빈 들판
홀로 외로워
앉았다 쉬어 가라고
손짓하며 부른다

추억 속 사진

화면 가득 채워진
흑백 사진 속의 소녀들
해맑게 웃고 있다

먼 기억 속 여행
계집아이들의 고무줄놀이
재잘재잘 떠드는 소리

유난히 눈이 크고
겁 많던 아이
혼자 세월을 훌쩍 넘은
골 패인 모습

그리운 교정
맨드라미 꽃 속에서
환한 미소로 바라보고 있다

우성공원 묘지

피붙이들 하나 둘 모여들었다
오래된 기억들 덩달아 따라왔다

골마다 바람이 걸어 다니고
얕은 물들이 달리기 했다

추억 속 빛바랜 여운
오늘도 시끄러운 세상 속
오래된 책장 넘기듯
떠난 사람들 생전의 얘기로
젖은 사랑을 헤아린다

먼 기억의 물살
굽이쳐, 굽이쳐 흐르는
내 어머니 냄새

보수공사

팔십 년 묵은
보수공사다

생각해보니
한 번의 대대적인
공사가 있었다

그리고 자잘한 공사들
팔십 년 만의 공사는
심혈을 기울인 결정
처음에는 성공적인 듯했다
실패다

몇 번의 재공사
팔십의 어머니
그냥 그대로 어린아이 되셨다
아득한 광년을 달려온
사람처럼

나의 모국어

이국 땅
낯선 곳 여행

소통하지 못하는 언어
눈으로 익히고
사진으로 남기며
분주히 돌아다녔다

남의 나라
공원 좁은 길
하얀 피부
노란 머리카락
부딪칠까 비켜선다

때로 스치는 옷깃
"쏘리"
사과 하는데
"괜찮아요"
유창한 한국말

분명 외국인인데
"한국에서 오래 살았어요"

나의 모국어 내가 쓰는 말
이국 땅에서 듣는 생경함
그리고 반가움
아, 나의 모국어여
영원한 나의 말, 나의 얼
가슴으로 받는다

노각

늙어야 눈길 준다
청춘 푸르지만
푸름이 지난 뒤에야
나를 찾는다

젊음은 허세다
나의 생은
누렇게 돼서야 알아보고
그때서야 눈을 마주친다

늙어서야 빛이 나는
나는야, 노각이다

작품해설

일상사의 감동 혹은 충격

| 작품해설 |

일상사의 감동 혹은 충격

정성수
(시인 · 한국문인협회 부이사장)

장광분 시인의 시는 주로 일상적 생활체험의 시적 형상화에 주안점을 두고 있다. 주변에서 벌어지는 여러 가지 세상의 모습과 삶의 다양한 실체에 대한 깊은 성찰, 진정성 등이 그의 시세계를 따뜻한 유토피아의 오아시스로 이끌어가고 있다.

따라서 꿈과 억압된 현실의 불협화음, 그것의 극복과 화해에 대한 의지, 대자연의 섭리와 운명에 대한 통찰, 그 저변에 깔려있는 유년시대의 순수 영혼, 동화적 삶에 대한 희구, 추억의 아름다움 등이 파노라마처럼 펼쳐져나간다.

이승을 떠난 부모와의 대화, 공원묘지가 연주하는 삶과 죽음의 2중주, 마침내는 불교적 해탈에 이르기까지 시인의 숨소리는 도처에서 역동적으로 살아 움직인다.

다음 시를 살펴보자.

세상을 살다 보면
제 주인 떠났던 지갑이
전화번호 따라
찾아오기도 한다

그것도 이국 땅
프랑스 파리에서

지금까지 믿음보다
불신이 앞섰던 세상살이
하지만 먼 곳에서
주인 찾아온
지갑을 보며
모든 부정의 생각
맑은 호수 속
반짝이는 윤슬처럼 빛났다

그래 그래
"세상은 살만한 곳이지"
"그렇고 말고"
고개를 끄덕일 수밖에

— 〈돌고 도는 세상〉 전문

이미 오래 전부터 우리가 살고있는 시대를 '불신시대'라고 말한다. 인간과 인간이 서로 믿지 못하는 사회, 상호간의 신뢰가 허물어진 시대, 그에 따라 오해와 미움이 넘쳐나는 비극적 현실이라고 말할 수 있을 것이다.

그러나 화자는 이런 불신의 시대를 부정한다. '세상을 살다보면/제 주인 떠났던 지갑이/전화번호따라/찾아오기도 한다//그것도/머나먼 이국 땅/프랑스 파리에서'.

'프랑스 파리에서' 분실한 지갑이 대한민국 땅까지 주인을 찾아온 믿기 어려운 유쾌한 현실 속에서 화자는 그동안 지니고 있던 인간에 대한 '모든 부정의 생각'을 깨끗이 털어버리게 된다. 화자는 이렇게 말한다. '그래그래/"세상은 살 만한 곳이지,/그렇고 말고"/고개를 끄덕일 수밖에.'

체험에서 우러나온 인간에 대한 따뜻한 신뢰가 은은한 감동을 전해온다.

다음 시를 살펴보자.

시치미 떼고
소리 내지 않는 나팔꽃
목울대 터지길
기다리던 작은 손가락
어느새 해넘이 따라
잎을 접었다

반복되는
우울증과 어지럼증
한 번도 맘껏
불어보지 못한
나팔 소리처럼
내 안에 깊은 기저질환

— 〈나팔꽃 〉 전문

세상사에 대한 억눌리고 답답한 심사가 '나팔꽃'에 감정이입되면서 화자와의 동일성(아이덴디티)을 느끼게 된다. 말하자면 단 한 번도 '나팔'처럼 크게 소리를 폭발시키지 못한 '나팔꽃'과 '나팔꽃'처럼 소리없이 살아온 화자의 눈물겨운 동병상련인 셈이다.

그에 따라 화자는 '반복되는/우울증과 어지러움증'에 시달리게 된다. 이루어지지 않는 욕망과 꿈과 희망의 날개가 홀로 힘겹게 푸득이면서 생에 대한 갈등과 절망이 끝없이 깊어지는 것이다. 그 '우울증'과 '어지러움증'은 어느샌가 '한 번도 맘껏/불어보지 못한/나팔소리처럼/내 안에 깊은/기저질환.'이 되어버렸다. 치유되지 않는 '내 안에 깊은/기저질환'!

그것으로부터의 해방을 위해 화자는 소리내는 '나팔꽃'으로의 변신을 꿈꾼다. 그것은 바로 모든 것에 새로운 생명을 불어넣는 위대한 예술창조의 길이 아니겠는가.

다음 시를 살펴보자.

물 위 그림자
한 장의 수채화

도시의 소음도
흐르는 물속으로 빠져가고
남는 건 오직 백로 한 쌍

홍제천의 아름다운
생명, 그림 한 장

— 〈홍제천〉 전문

물 위에 어리는 여러 가지 사물의 그림자는 '한 장의 수채화'처럼 이름답다. 어지러운 문명의 모습들, '도시의 소음도/흐르는 물속으로/빠져가고/남는 건 백로 한 쌍'뿐이다.

흐르는 시간 속에 도시 속의 소음조차 물에 잠겨버린 고요한 침묵 위에 순수의 상징 같은 '백로 한 쌍'이 소리없이 떠간다. 그것은 이 풍진세상의 등불 같은 것, 즉 화자의 강렬한 순수의지이다. 거칠 것 없는 '홍제천' 위에 유유히 떠있는 '백로 한 쌍'의 모습은 바로 화자가 꿈꾸는 아름답고 평화로운 생애일 것이다. 마치 '아름다운/생명 그림 한 장'처럼……!

다음 시를 살펴보자.

지워진 시간 위에
주검들이 누워 있다

처음 만났을 때
빨간 치마 연두저고리
복숭아 빛 그 살결 보이지 않는다

이제 서러운 서릿발이
머리 위에 얹히고
내 어머니 닮아간 지금

어머니 누워있는 자리
슬며시 앉아본다

그 곁에 아버지 언제 오셨는지
두 분의 귓속말 한창 중

— 〈모란공원〉 전문

공동묘지 '모란공원' 안에 화자의 어머니 묘소가 자리 잡고 있다. 수많은 무덤들이 늘어서있는 광경을 '지워진 시간 위에/주검들이 누워있다.'라고 노래한다. 사자들의 현재 상황을 '지워진 시간'이라고 갈파한 것은 신선하다.

'이제 서러운 서릿발이/머리 위에 얹히고/내 어머니/닮아가는 지금//어머니 누워있는 자리/슬며시 앉아본다.' 화자도 어느새 나이가 들어 머리가 하얗게 세고 돌아가신 어머니의 노쇠한 모습을 닮아간다. 어머니에 대한 그리움과 여러 가지 추억에

젖어 어머니의 묘 근처에 '슬며시 앉아본다.' 말하자면 어머니의 육신과 영혼 가까이 좀 더 다가가는 것. 떠나간 자에 대한 깊은 사랑과 여러 가지 회한이 섞여있는 슬픔의 몸짓이 아닐 수 없다.

'그 곁 언제/아버지 오셨는지/두 분의/귓속말 한창 중.' 화자는 돌아가신 아버지의 영혼이 다가와서 어머니의 영혼과 함께 귓속말을 주고받는 환상에 빠진다. 그것은 아버지에 대한 그리움의 변형이고 또한 지난 날 부모님과 함께 행복했던 순간들에 대한 그리움과 연민의 부활인 것. 산 자와 죽은 자의 무언의 만남 속에서 과거와 현재가 하나로 융합, 행복한 평화의 세계로 승화되는 순간이다.

다음 시를 살펴보자.

선운사 가는 길
동백의 핏빛 울음이
마중 한다

이룰 수 없는 사랑
못내 아쉬워
몸부림친 그리움
저리 응어리진 아픔인가

슬픔의 끝자락
적막이 쌓은 이별
말없이 내려놓는다

끝내 지고 마는
생의 서러움 하나
이 길 위에서
다시 만난다

— 〈선운사〉 전문

'선운사' 가는 길에 화자는 '동백꽃'과 조우한다. 그 '동백꽃'이 피어있는 것을 '핏빛 울음이 마중을 한다'라고 노래한다. 화자의 심정이 그 순간 '동백꽃'에 대해 비극적 인식을 거느리고 있기 때문이다. 빨간 색체의 '동백꽃'을 뜨거운 '열정'으로 의식하지 않고 '핏빛 울음'으로 해석하고 있다. 즉 현재 화자의 아프고 슬픈 심정이 '동백꽃'에 투사되고 있는 것.

그 이유는 바로 '이룰 수 없는 사랑'에 있다. '이룰 수 없는 사랑'이야말로 사람의 생에 있어서 가장 슬프고 쓰라린 상황 가운데 하나가 아니겠는가. 그것이 '못내 아쉬워/몸부림친 그리움/저리 웅어리진 아픔인가'라고 탄식한다. 붉은 꽃송이가 '웅어리진 아픔'의 현신인 것. 동백의 낙화는 '슬픔의 끝자락/적막이 쌓은 이별'을 '내려놓는' 것. 즉 고통과 갈등과 슬픔 속에서 겨우 이별의 한과 아쉬움을 내려놓았다. 스스로 강해야 이별의 고통도 극복할 수 있는 것. 그러나 '선운사' 가는 길에 화자는 '끝내 지고 마는/생의 서러움 하나를/이 길 위에서/다시 만난다.'

잊혀진 과거의 아픔을 다시 추억하게 된 것. 즉 빠알간 '동백꽃'이 뜨겁고 슬펐던 사랑의 추억을 부활시켜준 것이다. 이쯤되면

사랑은 사람의 생에 있어서 사라지지 않는 영혼의 불사조가 아니겠는가.

다음 시를 살펴보자.

침울한 사월의 바다
거둘 수 없는 아픔

목 안의 덩이가
끊어질 듯한 슬픔 삼킨다

파도에 부대끼는
한 무더기의 꽃잎

어둡고 긴 고통의 긴 여정
밤새워 헤매다
만나는 새벽 미명

못다 이룬 꿈들
바다에 접어놓고
한으로만 남은
공중돌기

못내 그리워
떠나지 못하는
검푸른 바닷속 영혼들

사월의 푸른 바람에도
꽃잎으로 흩날리는
슬픈 그리움

— 〈슬픈 그리움〉 전문

'4월의 바다' 앞에서 화자는 '거둘 수 없는 아픔/목 안의 덩이가/끊어질 듯한/슬픔 삼킨다' 즉 광활한 바다 앞에 서서 슬프고 아픈 추억의 소용돌이에 목이 잠기는 것. '파도에 부대끼는/한 무더기의 꽃잎'처럼 화자는 현실의 파도 속에서 어쩔 수 없이 나약하고 힘든 존재이다.

'어둡고 긴/고통의 긴 여정/밤새워 헤매다/만나는 새벽 미명'. 잠 못 이루는 고통과 함께 뒤척이며 어둠 속을 방황하다가 그냥 온밤을 지새우고 만다.' 못다 이룬 꿈들/바다에 접어놓고/한으로만 남은/공중돌기//못내 그리워/떠나지 못하는/검푸른 바닷속 영혼들'. 여기선 화자의 개인적 꿈과 좌절이 보편적 꿈과 좌절로 확대 재생산된다. 시는 늘 개인적 상황에서 일반적 상황으로 승화되는 것이다.

유토피아를 꿈꾸는 생은 그래서 '사월의 푸른 바람에도/꽃잎으로 흩날리는/슬픈 그리움.'일 수밖에 없다. 인간의 꿈은 언제나 현실 저 앞쪽에서 푸른 깃발처럼 펄럭이고 있으므로, 꿈꾸는 우리를 기다리고 있으므로………!

이처럼 일상사의 감동 혹은 충격이 광채를 발하여 보편적 감동과 충격으로 더욱 멋지게 승화되기를 빈다.

계간문예시인선 159

장광분 시집 _ 시간을 베고 누워

초판 인쇄 2020년 10월 10일
초판 발행 2020년 10월 15일

지 은 이 장광분
회 장 서정환
발 행 인 정종명
편집주간 차윤옥

펴낸곳 도서출판 계간문예
편집부 03132 서울 종로구 삼일대로 30길 21 종로오피스텔 1209호
주소 03132 서울 종로구 삼일대로 32길 36 운현신화타워 305호
전화 02-3675-5633 팩스 02-766-4052
인쇄 54991 전북 전주시 완산구 공북1길 16, 신아출판사
이메일 munin5633@naver.com
등록 2005년 3월 9일 제300-2005-34호
ISBN 978-89-6554-225-4 04810
ISBN 978-89-6554-118-9 (세트)

값 10,000원

잘못 만들어진 책은 바꾸어 드립니다.

이 도서의 국립중앙도서관 출판예정도서목록(CIP)은 서지정보유통지원시스템 홈페이지(http://seoji.nl.go.kr)와 국가자료공동목록시스템(http://www.nl.go.kr/kolisnet)에서 이용하실 수 있습니다. (CIP제어번호: CIP2020042512)